# LE
# BOULEVARD DU CRIME

PAR

MARIO PROTH

PARIS

IMPRIMERIE BALITOUT, QUESTROY ET C°

7, RUE BAILLIF ET RUE DE VALOIS, 18

1872

Cette courte notice a paru dans le journal hebdomadaire la *Municipalité,* avant que le Conseil municipal eût pris sur le projet du Château-d'Eau une manière de décision demeurée incompréhensible à tous, et je pense, à lui-même.

Nous la reproduisons telle quelle sans y changer mot ni virgule, comme si le Conseil n'avait encore rien décidé.

Au fait, a-t-il décidé quelque chose ?

# LE
# BOULEVARD DU CRIME

Parmi les crimes sans nombre de cette bande sinistre dont
l'invasion vulgairement connue sous le nom de Second Empire
demeurera pour la France une si terrible et salutaire leçon, un
des plus irréparables est la défiguration de Paris par ce maçon
en délire, M. Haussmann. Que voulez-vous? Ces gens-là s'imagi-
naient effacer l'histoire. Démolissant le passé, ils croyaient élever
leur grotesque présent à la hauteur d'un avenir.

Parmi les démolitions où ils s'acharnèrent, une des plus bêtes
et des plus irritantes fut celle du boulevard du Temple. Le boulevard du Temple! qui ne sait ce que ces trois mots évoquent? Il
n'est pas dans Paris un Parisien quelconque, il n'est pas en province ni à l'étranger un être d'intelligence et de sentiment, visiteur
de Paris en ses jeunes années, à qui le boulevard du Temple n'ait
laissé un charmant et profond souvenir. Longtemps, comme pour
la pépinière du Luxembourg, on ne voulut point croire à sa con-
damnation sans appel par les paltoquets, nos maîtres. On protesta,
sous l'Empire on ne savait que protester. Quand tomba le gai, le
glorieux, l'unique boulevard, on cria tout bas, mais longtemps,
et le dossier de l'Empire s'enrichit d'un chef d'accusation formi-
dable. Bien des plumes, les meilleures de notre langue ont dit et
redit les mérites et splendeurs du boulevard du Temple. On a en-
tassé des Pélions d'articles sur des Ossa de feuilletons en son honneur, on a érigé des volumes à sa mémoire. Nous n'avons pour
les résumer ni le temps ni l'espace. Toutefois, le Conseil municipal

républicain ayant décidé pour la plus grande satisfaction géné-
rale de rendre autant que possible à ce quartier légendaire sa
primitive allure, nous croyons utile de rappeler en quelques mots
ce qui fut pour mieux justifier ce qui sera.

Né en 1670, le boulevard du Temple est mort en 1861, presque
deux fois centenaire. C'est Louis XIV, un roi envers qui l'histoire, vous le verrez, finira par garder quelque indulgence parce
qu'il sut réunir à la France l'Alsace et la Lorraine, c'est Louis XIV
qui fit combler, puis planter d'arbres le fossé, de la Porte-Saint-
Antoine à celle du Temple. D'où une promenade où affluèrent
bientôt petits rentiers du Marais et peuple du faubourg. Avec les
promeneurs accoururent les bateleurs, paradeurs, montreurs de
marionnettes, mimes et autres menus amuseurs, lesquels seuls
faisaient concurrence au seul théâtre autorisé de l'époque, le
Théâtre-Français. Le temps marcha et avec lui le goût du public
pour la comédie. Vers 1760, un arlequin fameux doublé d'un
singe omni-savant, comblait chaque soir la salle de son théâtre
des Grands Danseurs, le premier des théâtres du boulevard du
Temple. Cet arlequin n'était autre que Nicolet, Nicolet en personne, celui chez qui, comme chacun sait et saura tant qu'il y
aura des proverbes au monde, « c'était toujours de plus en plus
fort. » La preuve, c'est que chez Nicolet un auteur fit oublier le
singe. Taconnet il se nommait, ou, s'il vous plait, *le Molière du
boulevard*. « Beuveur illustre », il disait: je te méprise comme un
verre d'eau, et en dix ans il écrivit soixante pièces dont la *Belle
Bourbonnaise*, d'après une chanson de M. l'abbé Latteignand, cha-
noine de Reims. Brûlé en 1770, aussitôt rebâti, le Théâtre des
Grands Danseurs, ayant joué devant Louis XV et M^me Dubarry devint par suprême faveur le *Théâtre des Grands Danseurs du Roi*.

Non loin de lui s'éleva une deuxième salle ou mieux, comme
on disait alors, une deuxième baraque : *Théâtre des Associés*. Un
grimacier, émule du singe savant de Nicolet, un grimacier en fit
la fortune. Puis l'on y joua des tragédies *où l'on riait*, et le directeur Beauvisage, qui tenait l'emploi des tyrans et la parade aussi,
inventa le fameux : *Entrez messieurs, mesdames, prenez vos billets,
on va commencer !*

Troisième baraque : celle du sieur *Audinot;* à savoir l'Ambigu-
Comique. Il débuta par des *comédiens de bois* que remplacèrent
bientôt des enfants. Les prêtres persécutèrent le nouveau théâtre,

puis le tout puissant Opéra  qui jalousa longtemps les entreprises
nouvelles. Mais Sartines, envers et contre tous, permit à l'Ambigu
la pantomine à grand spectacle. Et, un beau soir, comme la troupe
d'Audinot fit rire aux éclats la du Barry et, ce qui était plus fort,
sourire Louis XV, elle eut ses coudées franches.  Un jour, enfin,
un maréchal-des-logis des dragons de la reine, ayant arraché à
deux ravisseurs une jeune fille dans la forêt de Villers-Cotterets,
puis, l'ayant épousée, l'aventure fut contée à Marie-Antoinette
qui manda le dragon et le récompensa, et l'Ambigu joua l'aventure, et définitivement il fut lancé.

Le mur murant Paris rend
Paris murmurant

Qui ne connait ce distique ? Il signale un progrès nouveau du
cher boulevard, alors qu'en 1777 le mur d'enceinte fut reculé, ses
antiques glacis furent comblés, les boulevards Saint-Antoine et
du Temple furent pavés, les rues d'Angoulême et du faubourg du
Temple furent ouvertes.

Un directeur qui ne paie pas ses artistes ne réussit point toujours. C'est pourquoi le théâtre des Jeunes élèves de Thalie fut
aussitôt fermé qu'entr'ouvert. Mais un directeur, qui réussit trop
bien, parfois contrarie ses confrères. Ainsi fut-il de Valcour, directeur, auteur, acteur, régisseur,  qui créa en 1785, à côté de
l'hôtel Foulon, les Délassements-Comiques, lesquels brûlèrent,
furent reconstruits et prospérèrent toujours si bien, que les théâtres voisins obtinrent du lieutenant de police que la  troupe de
Valcour jouerait séparée du public par un rideau de gaze.

En 1789, ouverture de la Révolution française à grand spectacle. La Bastille est prise, Foulon accroché au plus proche réver-
bère, Nicolet meurt, et, dirigé par sa veuve, son théâtre devient
le théâtre de la Gaîté. Que d'événements ! Et de plus en plus le
boulevard s'anime. Et en 1793, voici venir la liberté des théâtres.
Partout des pièces parlantes, et Molière fait le tour du boulevard.
De temps à autre des acteurs s'en vont à la frontière mourir pour
la patrie à moins qu'ils ne reviennent capitaines. D'autres leur
succèdent qui partent à leur tour, et ainsi de suite. A l'Ambigu,
grand succès de M^{lle} Louise Masson dans *la Belle au Bois dormant;*
deux cents représentations. Aux Délassements, prestidigitation

*con furore*. Le *Théâtre des Associés* passe *Théâtre patriotique*. On invente les affiches monstres et les changements de costumes, si bien que sur les affiches on lit : « M. Pompée, dans *le Festin de Pierre*, changera douze fois de costume ; il enlèvera la fille du commandeur avec une veste à brandebourgs et sera foudroyé avec un habit à paillettes. »

Ceci est du directeur Salé, un borgne qui joue les arlequins pour l'amour du masque, Salé, le même qui persécuté par les comédiens ordinaires du roi pour les pièces du répertoire français écrivit en 92 : « Messieurs de la Comédie, je donnerai demain diman- » che une représentation de *Zaïre*, je vous prie d'être assez bons » pour y envoyer une députation de votre compagnie ; et si vous » reconnaissez la pièce de Voltaire après l'avoir vu représenter » par mes acteurs, je consens à mériter votre blâme et m'engage » à ne jamais la faire jouer sur mon théâtre. » Lekain et Préville députés rirent tant que Salé fut autorisé à jouer tout le répertoire, d'où il avait coutume de dire : « Je joue la tragédie pour rire. »

Quand le théâtre des Variétés Amusantes, au coin du boulevard Saint-Martin et de la rue de Bondy, monta au grade de Théâtre-Français, la Salle des Jeunes élèves, en face la rue Charlot, autrefois fermée, comme nous l'avons dit, par ordre du roi, pour cause de directeur non payant, rouvrit en *Variétés Amusantes*, dirigée par l'italien Lazari, un des plus aimables arlequins du monde, qui se brûla la cervelle en 1798, ayant vu en quelques heures son théâtre consumé.

En 1796, l'on joua, je vous prie, aux *Délassements*, l'opéra-comique, la tragédie, la comédie. Potier y débuta et Cazot et bien d'autres, et M^{lle} Lolotte dans la *Belle Indienne* s'en alla aux astres.

En 1805, le très spirituel, très hardi et très royaliste Martainville faisait les délices du boulevard. C'est le même qui, à quinze ans, traduit au tribunal révolutionnaire, corrigea ainsi le président : « Citoyen président, tu te trompes, je ne m'appelle pas de Martainville, mais Martainville ; n'oublie pas que tu es ici pour me raccourcir et non pour me rallonger. » C'est de Martainville le premier *Pied de Mouton*, si supérieur à ses cadets. En ce temps-là aussi, l'Ambigu lança le mélodrame à tous crins, et le boulevard du Temple se nomma boulevard du Crime. Révalard, le plus doux des hommes, qui se laissait battre par sa femme, s'y gagna une réputation de tyran émérite et de brigand hors ligne ; ce bon

Révalard qui, une fois, à Reims, effrayé du danger que pouvaient faire courir aux spectateurs les bourres de soleil dans le bombardement final du *Siége de Calais*, afficha : « Les personnes qui nous honoreront ce soir de leur présence, sont prévenues que le *bombardement* n'aura plus lieu qu'à l'arme blanche ; » et une autre fois à Laon où il avait joué devant les banquettes : « La troupe de M. Révalard, touchée de l'accueil empressé que les habitants ne cessent de lui faire, a l'honneur de les prévenir qu'au lieu de partir après-demain ainsi qu'il a été annoncé, quittera la ville demain matin à six heures. »

Et comme au bon temps du maréchal de Richelieu, l'esprit d'opposition avait son refuge au boulevard du Temple. Témoin l'affiche suivante aux Délassements-Comiques : « 5 vendémiaire, an VII de la République, première représentation de *la Souveraineté du Peuple*, comédie suivie des *Horreurs de la Misère*, drame terminé par la *Débâcle*, parodie mêlée de couplets. » C'était bête comme tout ce qui vient de la réaction ; mais en ces heures-là, c'était courageux, et le directeur n'eut que le temps de descendre quatre à quatre l'escalier dérobé. Plus tard, l'on jouait à l'Ambigu *Tékéli*, au moment de la conspiration de George Cadoudal : un valet de moulin projette de livrer Tekeli proscrit et fugitif, le meunier lui crie : « Malheureux ! comment, tu irais livrer un proscrit, tu vendrais un homme ! Tu ne sais donc pas que le métier le plus lâche, le plus vil, est celui de dénonciateur. » Et le public d'applaudir à ce passage que l'on jurerait écrit à l'adresse « la presse immonde » de 1871, et la pièce d'être interdite.

Au temps du premier Napoléon qui ne fut point hélas ! le dernier, le boulevard du Temple monta en vogue, nonobstant le sot et brutal décret de 1807 qui supprima vingt-cinq théâtres. Ce n'étaient tout du long qu'établissements de plaisir plus ou moins moraux d'ailleurs, boutiques célèbres, parades étourdissantes. Tout Paris s'y promenait sous les arbres centenaires, à travers les badauderies compactes, au bruit de mille boniments. Ici, à gauche, le *Café Turc*, là sur la place où fut l'hôtel Vendôme, la *Rotonde de Paphos*, plus loin les *Tontines* de jeux importées sous Louis XV par l'italien Tonti, lesquelles rapportaient bon an mal an sept à huit cents millions pour faire la guerre ; toujours la guerre, car ce qui vient de la flûte s'en va au tambour : Ici, à droite, ce n'étaient que cabarets biscornus, pâtisseries à bouches que veux-

tu, cafés chantants à tout rompre, théâtres quand même, *Thévené-
lin et ses automates,* le *Théâtre des Pygmées* ou le *Monde en minia-
ture* où, par un système de glaces l'on voyait la mer à l'infini, où
un âne se changeait en moulin et un Chinois en paravent ; le Lycée
Dramatique qui vécut un printemps, les cafés *Chinois,* et du *Bos-
quet* et de la *Victoire,* le cabaret étrange, antique et proverbial de
*l'Epi-scié,* comme qui dirait le Paul Niquet de l'époque, un gîte
bien connu des limiers de la police, et le *Théâtre de la Malaga,* où
l'on dansait sur la corde bien mieux que chez les diplomates ou à
la cour du grand homme, et les *Oiseaux Savants* de Dujon, et que
sais-je encore ? On entendait sur l'incomparable boulevard, du
matin au soir et du soir au matin, Bobèche et Galimafré, « les deux
niais célèbres, » un ex-tapissier et un ex-menuisier, amis comme
au Monomotapa, Bobèche et Galimafré dont les parades modèles
demeureront l'éternel désespoir des paillasses présents ou à venir.
Ils ne se séparèrent qu'en 1814, après avoir fait ensemble le coup
de feu contre les alliés. Galimafré ne voulant point parader pour
les Prussiens et autres Cosaques passa machiniste à l'Opéra-Comique où trente années durant il garda le côté cour, et Bobèche fré-
quemment appelé chez les grands s'intitula le premier bouffon du
gouvernement. Sous leurs tréteaux on voyait le cabaret : *A la
bonne Amitié* où toute la vie l'on se battait. On voyait audit boulevard le cabinet des figures de cire de Curtius, venu au monde en
1787, et dont les personnages muets et immobiles, changeaient d'ap-
pellation au gré des événements, ni plus ni moins que des hommes
politiques. Telle femme, autrefois Geneviève de Brabant, s'était,
la Révolution aidant, tranformée en Charlotte Corday, l'ange de
l'assassinat, et beaucoup plus tard s'était convertie en bergère
d'Ivry, l'ange assassinée. Il y avait surtout chez Curtius un
groupe de poupées qui lui coûtait fort cher, car elles changeaient de
costume autant de fois que la France de gouvernement. Ce groupe,
c'était au temps jadis « Louis XV et son auguste famille, » d'où il était
devenu, non sans quelques péripéties intermédiaires, « le Direc-
toire et son auguste famille, » auxquels succédèrent » les trois
consuls et son auguste famille » pour faire place à l'Empereur et sa
famille dito, en attendant... vous devinez le reste. On voyait sur
le boulevard du Temple le chien Munito, qui défiait aux jeux de
l'arithmétique le père Bezout, on y voyait la toute adorable Fan-
chon la Vielleuse, on y voyait aux heures de soleil et de foule, dé-
couverte d'une robe de gaze en plein hiver, une femme ; une chan-

teuse, une mendiante, guidée par un vieux cabotin de province, qui marmonnait aux passants : Messieurs, ayez pitié de M<sup>lle</sup> Masson qui a fait courir tout Paris pendant deux cents représentations dans *la Belle au bois dormant*.... En vérité, je vous le dis, on y entendait, on y voyait tout et mille autres choses encore.

Mais dépêchons, car aussi bien le boulevard du Temple, mouvant panorama de tous les plaisirs, synthèse de tous les engouement de la grand'ville nous pourrait mener loin, plus loin qu'il ne faut. En 1815, tandis que les immortelles poupées de Curtius s'anabaptisaient « les alliés et son auguste famille, » le Théâtre des *Associés*, qui était devenu un *Théâtre patriotique*, qui s'était changé en un *Théâtre sans prétention*, qui s'était transformé en un *Café d'Apollon*, devint *Théâtre de M<sup>me</sup> Saqui*, où tous les soirs cette reine des acrobates, cette dixième muse des diplomates et des philosophes, traversait la salle du plancher de la scène jusqu'à l'empyrée du poulailler, par-dessus trois étages d'applaudisseurs fanatisés. Ce que voyant, un sieur Bertrand (rien de Robert Macaire) imagina de créer le célèbre et glorieux théâtre des *Funambules*. Depuis l'irréparable absence de Bobèche et Galimafré, personne n'avait osé rouvrir leur salle. Vint un sieur Provot, plus hardi que les autres. Faute de Bobèche et de Galimafré, il s'adressa au public par des marionnettes, et mettant sa fortune sous l'invocation de l'italien infortuné, il fonda *le Petit Lazari*. Cependant, vers 1826, le boulevard du Temple perdit un de ses plus considérables et précieux hôtes. Pour cause de feu d'artifice, et selon l'habitude des théâtres contemporains, l'Ambigu, un soir, tomba en cendres, et s'alla rebâtir là où nous le voyons aujourd'hui, et où longtemps il traîna la misère, tant il est vrai que la Fortune comique n'aime point à s'éloigner de son boulevard favori.

Et maintenant vous souvient-il de Taconnet, le précurseur de « nos féconds dramaturges, » comme on dit en langue de reporter ou de critique influent? Eh bien! Taconnet, tout comme le grand Napoléon, avait laissé un neveu, mais infiniment plus estimable que celui du moderne César, car il n'était autre que l'illustre Roger-Bontemps. Bon cordonnier, s'il vous plaît, allègre au travail, non moins prompt à la bouteille. Quand on ne le trouvait point dans son échoppe, sise au coin de la rue de l'Égout-Sainte-

Catherine, infailliblement on le retrouvait chez le Petit-Ramponneau. Or un soir, c'était, n'en doutez point, un lundi soir, — qu'il s'était endormi de ce sommeil incommensurable des fidèles de Bacchus (vieux style), son échoppe roula poussée par quatre rapins à travers le désert nocturne du Marais, au grand ébahissement des quelques naïfs sergents de ville, sans casse-tête, de ce temps antédiluvien. Le lendemain matin, Roger se réveilla boulevard du Temple. Il pensa en mourir de rire, et se rendit au cabaret d'en face. Le boulevard s'en tint les côtes. Roger devint incontinent la coqueluche du quartier, et Béranger en fit la chanson que tous nous avons chantée. Pendant ce temps-là, Muses, ne l'oubliez pas, l'illustre *Café Turc* inaugura sa longue célébrité, et aussi le *Cadran Bleu*, le doux, le gentil, le bon enfant de *Cadran Bleu* auquel nos pères tant de fois entendirent sonner l'heure fugitive du berger ou le minuit solennel de l'hyménée. Et un peu plus loin, voici que s'éleva *le Panorama dramatique*, une des sept merveilles de l'époque. Le rideau était tout en glaces qui s'enfonçaient dans le dessous. On y joua *le Pauvre Berger* dont les moutons, de vrais moutons en chair et en os, des moutons à côtelettes s'effarouchèrent tant et si bien le soir de la première, que tous ils s'enfuirent, par une avant-scène, sous un ouragan de folles risées. *Le Panorama* dura ce que durent les merveilles, l'espace de deux matins, trois au plus, mais Bouffé y avait débuté.

Le boulevard allait toujours se garnissant de boutiques épanouïes, et de coquettes maisons panachées de jardins. Aux portes des théâtres, des auvents avec colonnades, ma foi! garantissaient le bon public des algarades pluviales du ciel parisien.

Eternelle et prodigieuse fécondité de ce boulevard à jamais regrettable! Le *Panorama* ayant disparu, arriva le *Cirque olympique*, retour du faubourg du Temple. Fondé en 1786, par l'anglais Astley, ce cirque avait fort réussi. Fuyant la Révolution, Astley avait repassé son œuvre au père Franconi, qui l'avait repassé à Laurent et Minette ses fils. Le Cirque s'était promené au jardin des Capucines, et de ce jardin à la rue Montbabor. Puis, du faubourg du Temple il était revenu chercher sa vogue au classique faubourg sous les auspices du singe Coco, de la chèvre danseuse de corde, de l'éléphant Kiouny qui offrait des fleurs aux dames en dansant la gavotte, *e tutti quanti*, desquels alors on disait : « Le règne des bêtes est venu, j'ai peurqu'il ne soit long, car leur intelligence confond celle de beaucoup d'hommes qui, croyaient avoir de l'esprit. » En 1826, ayant brûlé selon la mode, le Cirque alla rejoindre les confrères au boulevard où il vécut longtemps heureux et amusa beaucoup d'enfants.

1830! Une rude année pour notre boulevard. Dame! on s'y battit fort, pour faire de la maigre besogne, il est vrai. 1830! C'était bien la peine de nettoyer la place des Bourbons pour y planter des d'Orléans. Mais c'est égal, on se battit fort au boulevard du Crime. Et du coup, le théâtre comme la politique, avec elle et par elle, se mit en évolution. 1830 ! Le rômantisme, ce 89 littéraire, qui eut décidément du bon, et beaucoup, poussa ses conquêtes jusque par delà le Château-d'Eau.

Le Cirque National ouvrit un cours d'histoire à sa manière. On y joua en plein quartier révolutionnaire, à deux pas du théâtre de l'histoire, *la Prise de la Bastille*. Avec quel succès! je vous le laisse à penser. Mais aussi, avec quel succès, hélas! comme il devait advenir en cette époque bâtarde et sans criterium politique, on y découpa en tartines mélodramo-chauvino-fanatiques la légende du polisson de Brumaire, pour mieux préparer au prévoyant Louis-Philippe la triste et fatale équipée du Retour des Cendres. *Le Petit-Lazari* partit pour la gloire, et *les Funambules* aussi. Là on vit des hommes prendre la place des marionnettes dans les mêmes décors. Là, saluez! là apparut un génie, Debureau. Cependant, un beau matin disparut Curtius avec ses augustes familles. Un nouveau café illumina le boulevard, celui des *Mille Colonnes*, un perfectionnement de *l'Epi-Scié*, où la police opéra des râfles perfectionnées. Point si parfaites encore, qu'un Corse Fieschi, ne pût lentement et paisiblement, en plein milieu de ce boulevard si vivant et si fréquenté, à deux pas des bruyants théâtres, préparér cette machine infernale, prologue dramatique des farces de Boulogne et de Strasbourg, avertissement terrible que dédaigna trop la bourgeoise vanité des repus d'alors.

*Les Folies-Dramatiques* sont aujourd'hui quadragénaires. C'est en 1831 qu'elles débutèrent sur le boulevard du Temple, d'où les Limousins d'Haussmann n'ont pu les chasser. Leur enfance fut pénible. Leur mélodrame de résistance avait beau s'intituler *Les Quatre Parties du Monde*, il ne remplissait point la salle, qui demeurait froide. Mais voilà que ce génie vagabond, Frédérick-Lemaître, en un de ses jours d'à coup, comme dirait l'Eugénie de

Chiselhurst, y vint jouer *Robert-Macaire*. Je vous laisse à penser
si le public apprit le chemin des Folies-Dramatiques. *La Laitière
de Belleville, la Cocarde tricolore* le fixèrent dans son goût nouveau. Aujourd'hui encore, n'ayant point quitté le boulevard du
Temple, ce théâtre n'a point trop perdu de sa vogue.

Tandis que les théâtres du boulevard du Temple s'évertuaient,
tandis que Paris et la province, trois cents jours durant, avalaient
les *Pilules du diable*, tandis que se fondait, glorieuse et bienfaisante
celle-là, la dynastie des Deburau, Musard et après lui Jullien
inauguraient au jardin du Café Turc les concerts à grand orchestre
et surtout à grand bruit, où le tromblon et même le canon, un canon de poche, accompagnaient agréablement les violoncelles et les
petites flûtes. Dumas, le grand Dumas, celui que Michelet nommait « une force de la nature, » s'élevait à lui-même, avec Hostein
pour grand-prêtre, son fameux temple du Théâtre Historique. Le
Cirque passait du drame à l'opéra national. Ce n'étaient en ces
époques bénies, où l'intelligence française se donna un si vaste
essor, ce n'étaient au boulevard du Temple qu'efforts incessants,
succès multiples, création perpétuelle, chutes retentissantes,
gloires naissantes, talents épanouis, renommées d'auteur gran-
dissantes et croissantes réputations d'artiste ; c'était un public
ravi, un quartier vivant, et si ce brave M. Rambuteau que, pour
une rue nécessaire et quelques colonnes utiles, on accusait alors
de délire maçonnant, eût voulu effleurer de sa pioche timide le
boulevard du Temple, même sous l'insuffisant prétexte qu'un
Fieschi s'y était embusqué pour tirer sur un Louis-Philippe,
je crois, sur mon âme, que la garde nationale (il y avait encore
dans ce temps là une garde nationale) eût pris les armes pour
défendre ce si précieux joyau de la couronne de la grand'ville
humaine, Paris.

Mais passons, passons aussi vite que les beaux temps et les glorieux souvenirs. Après 48, où le boulevard du Temple eut sa part
d'enthousiasme et de folie, vint l'Empire, le hideux Bas-Empire.
La corruption orléaniste n'avait que trop préparé le terrain. Là
où la France avait glissé, elle se vautra. Aux Teste piteux succédèrent les fringants Morny ; aux corrompus modestes, la cynique
crapule ; aux essayeurs de bâtisse, les vandales de la démolition.
Là où M. Rambuteau eût balbutié, M. Haussmann ordonna. Et
lorsque fut accomplie cette grande laideur qu'on appelle le bou-

levard de Sébastopol, du nom d'une des rares victoires désormais inutiles de l'armée impériale, le boulevard du Temple vit bien qu'il était condamné. Aussi la fièvre créatrice l'abandonna. Et vous tous, nos contemporains, qui avez eu le bonheur de vivre dans cette fosse que la pudeur m'empêche de qualifier, l'Empire, et le bonheur plus singulier de n'en point sortir complétement asphyxiés, vous vous rappelez que le boulevard du Temple ne changea guère du 2 décembre à l'heure de sa mort. Le drame rentra au Cirque, et l'opéra national, quand il n'était point international, émigra au Théâtre Historique, où tout au moins l'une des consolations de notre jeunesse, une jeunesse sous l'Empire ! fut d'aller entendre *Oberon*. Tant que vécut le cher boulevard, cependant, l'art, tout ce qui restait d'art, y trouva refuge, et la décadence du théâtre français, depuis si rapide et irrésistible, parut enrayée.

L'heure sonna, les limousins se ruèrent, et en deux tours de main il ne resta plus rien de toutes les pierres, témoins d'une si longue et brillante histoire. Mais il resta aussi un souvenir universel, ineffaçable, et si impérieux qu'aujoud'hui après la chute des bandits dans la fosse creusée par eux, il exige la quasi-résurrection de l'antique boulevard. Il resta tous les chefs-d'œuvre qui y virent le jour, il resta les récits merveilleux de Nodier, de Gérard de Nerval, de Théophile Gautier, de Champfleury, et tant d'autres. Et il resta encore une jolie pièce : les *Adieux du boulevard du Temple* de M. Th. Faucheur, un des préférés du gamin de Paris, et du même un parfait petit livre : *l'Hiotoire du boulevard du Temple*, où nous avons puisé sans vergogne et sans remords.

Sur la place où fut le boulevard du Temple, qu'a fait l'empire? Ce qu'il pouvait faire. Une hideur, une platitude à son image. Là où il y avait la vie vraie, abondante, féconde, il a installé la mort décorative et stérile. Là où il y avait la nation, il a créé le désert. Au nord de cet immense Sahara, condamné à tous les dangers du jour, à tous les hasards de la nuit, comme à toutes les intempéries des saisons extrêmes, qu'est-ce que ces deux immenses forteresses ? Là le militaire caserné, là le civil parqué, c'est bien ainsi que ces sycophantes, faux amis du peuple et souteneurs quand même de la bourgeoi-

sie avec laquelle ils n'eurent jamais d'autre querelle que celle du
pâle voyou des barrières avec sa fille marchande ; c'est bien ainsi
qu'ils entendaient façonner la société moderne. Puis, quand ce
grand vide ainsi souligné et armé, encombré aux quatre points
cardinaux de voies horribles et démesurées, pauvrement éclairé
à grands frais, semé d'ilôts bitumés et agrémentés de balais ar-
boriformes, fut creusé au milieu de la grande cité, quand les
travailleurs, les intelligents, les actifs furent repoussés de ses
alentours, quand l'art, le commerce, le labeur, l'animation eurent
disparu, quand le quartier faubourien fut coupé du Paris bourgeois, quand le chef-d'œuvre de sacrilége et de stupidité fut con-
sommé, ces puissants personnages s'écrièrent : tout va bien ! et il
y eut pour inaugurer le chef-d'œuvre une grande solennité que
la gracieuse souveraine honora de sa présence. Çà se passa sur le
nouveau boulevard dit du Prince-Eugène, du nom d'un émigré
en Bavière. Et pourtant quand l'impériale cocotte vit cette débau-
che de lignes droites, elle eut comme un ressouvenir des rues ori-
ginales et accidentées de son Espagne. M. le préfet, dit-elle, au
limousin en chef de toutes ces belles choses, ne pourrait-on pas
faire des boulevards un peu moins droits? — Majesté, répliqua
le lourdaud pattu, on n'a pu encore apprendre aux boulets à sui-
vre une ligne courbe. — O crétins formidables ! vous n'aviez point
deviné Sedan ni les fédérés, qui firent de votre caserne le premier
usage militaire.

Vint enfin, enfin, enfin ! le 4 Septembre, qui fut l'œuvre de
tous, et non de quelques-uns, comme des impudents et des impu-
nis le voudraient faire croire. Le 4 Septembre fut non point une
révolution, mais une purgation universelle. Ce jour-là, la France
ne chassa point l'Empire, elle l'évacua.

Puis, après d'inénarrables événements, Paris obtint enfin, enfin, enfin ! quoiqu'en eussent les bourgeois fossiles ou les Ca-
rabas édentés, son conseil municipal élu, qui se trouva être tout
naturellement un conseil presque républicain.

Une des premières pensées de ce conseil, sollicité de redonner
quelque travail utile à cette héroïque population, qui a tant fait,
tant voulu et tant souffert, a été pour la quasi résurrecction
possible du tant regretté boulevard.

Un projet sera sans doute adopté qui nous semble répondre am-
plement aux exigences présentes comme aux plus compétentes

critiques, et qu'il nous sera d'ailleurs facile de résumer en quelques lignes.

Au nord, côté des casernes, la militaire et la commerciale, rien à changer pour le moment. Nous avions toujours rêvé, sous l'empire, que la première révolution nous débarrasserait de l'une d'elles tout au moins. Mais les choses ont tourné de telle sorte qu'il n'y faut plus songer. Quant à l'autre, celle des Magasins-Réunis, non moins laide, elle est moins détestable, et quand, par l'exécution du plan nouveau, l'hiatus immense aura été comblé, le désert peuplé, la vie ramenée ; quand les Magasins-Réunis auront cessé d'être pour ainsi dire la toile de fond d'une énorme salle vide, le commerce, s'il en faut croire les intéressés, y prospérera. Au sud, rien à changer non plus. A l'ouest et à l'est, c'est autre chose. A l'ouest, la ville possède, entre le boulevard Saint-Martin et la rue de Bondy, deux îlots de terrains depuis longtemps vagues auxquels on réunira les maisons en façade sur la rue de Bondy, si bien que la suppression d'une partie de cette rue permettra l'alignement du boulevard Saint-Martin jusqu'au Château-d'Eau. Une rue décrétée, d'ailleurs, il y a tantôt six ans, reliera au boulevard Saint-Martin, celui de Magenta et la rue du Château-d'Eau. Un théâtre à l'est de l'îlot fera façade au centre de la place. A son entrée, de gaies maisons, de pimpantes boutiques, quelque café pittoresque à l'antique manière. A son côté un autre théâtre peut être. Robin, dit-on, demande la concession d'un terrain sur lequel il élèverait, à ses frais, pour le léguer plus tard à la Ville, une salle de physique expérimentale avec bibliothèque. Voilà, je pense, un prestidigitateur enrichi qui sait être un citoyen utile. Pour son habile petit doigt nous donnerions vraiment un boisseau de diplomates.

A l'est, les deux îlots bitumés, dont les plantations lilliputiennes n'ont jamais attiré une bonne d'enfants, seront réunis par la suppression de l'inutile chaussée qui les sépare, continuant au travers de la place le boulevard Voltaire. La viabilité qui fut si longtemps le prétexte commode des insanités haussmanniques, la viabilité s'en arrangera. La suppression de cette chaussée détournera même deux courants de circulation, l'un vers le boulevard Saint-Martin, l'autre vers les Magasins-Réunis qui ne s'en trouveront pas plus mal. Et sur le parallélogramme ainsi obtenu, trois beaux théâtres seront édifiés, dont l'un fera face au boulevard Voltaire. Quant à cette grotesque fontaine inachevée qui semble de loin

un abreuvoir pour les chameaux de voyage à travers ce Sahara
et dont les lions proviennent, ou peu s'en faut de la même mé-
nagerie que ceux de l'Institut, elle fera place à un square, à un
vrai square qui sera, celui-là, on ne peut mieux et plus utilement
placé...

Au surplus, pourquoi revenir sur les détails techniques du projet Warnod et Deutsch, si emplement expliqués par la plume de
M. Bosc. A l'heure où paraîtront ces lignes le Conseil municipal
de Paris décidera. Nous avons tout espoir en cette décision dont
il se gardera de méconnaître l'importance. Par son approbation,
sur laquelle nous avons tout lieu de compter, il aura fait œuvre
populaire tout à la fois, essentiellement populaire, bonne œuvre
partant et de haute politique.

Là où la chose est possible encore, restituer ce qu'a détruit
l'empire, il n'est point, que je sache, de moyen plus simple et plus
sûr, d'inspiration plus patriotique et plus saine.

Par la restitution de cet antique boulevard dont nous avons
résumé les joies et les splendeurs, le Conseil municipal effacera
un immonde souvenir. Il renouera une de nos plus glorieuses
traditions. Il nous rendra ce foyer de la gaieté, de l'esprit, du
génie dramatique français, où tous les genres vivaient côte à
côte d'émulation féconde et d'entraînement réciproque, où s'épa-
nouissait tout un monde unique de courageux artistes, où toutes
les réputations ont commencé ou démesurément grandi depuis
Debureau jusqu'à Frédérick-Lemaître, depuis Labiche jusqu'à
Dumas, où toutes les légendes et toutes les féeries de l'histoire
s'étaient donné rendez-vous, où chaque soir chaque spectateur
pouvait, de porte en porte, parcourir toute la gamme des hila-
rités, des ébahissements, des émotions. Rendant à Paris le boulevard du Temple, il rendra à notre malheureux pays, qui n'en a
plus tant à perdre, une de ses incontestables supériorités, celle de
l'art, qui retrouvera la vie dans la concentration, et dans la vie vraie,
laborieuse, féconde, la moralité, absente de tous les *Rois Carotte*
et autres infections auxquelles le besoin, autant que les vices contemporains semblent avoir condamné nos théâtres, victimes d'une
si stupide et brutale dispersion. Pour s'en convaincre, nos conseil-
lers n'ont qu'à méditer la lettre par laquelle M. Alexandre Dumas
fils, président de la commission des auteurs dramatiques, a informé
le préfet de la Seine de l'intérêt puissant que portent ses con-

frères et lui à une prompte résurrection du boulevard du Crime.

Non-seulement enfin, par son vote approbatif, le Conseil justifiant la confiance que lui ont témoignée en toute occasion les Parisiens, dans les élections comme au jour de l'emprunt, ramènera la prospérité dans un des centres les plus intéressants et les plus actifs de l'immense cité, mais aussi le travail et le mouvement dans je ne sais combien d'arts et d'industries en cruelle souffrance. Car, il faut bien le dire, et c'est là une des plus graves raisons qui militent en faveur du projet, il y a trop longtemps que l'on n'a point vu fonctionner à Paris la truelle, la pioche et tous autres outils, si ce n'est pour le replâtrage de quelques bicoques écornées par la guerre civile. Or, pour arriver au soulagement de tant de misères, suite de tant de désastres, comme aussi à cet apaisement des esprits que tous les honnêtes gens et tous les patriotes désirent sincèrement, il n'est qu'un moyen sûr, immédiat, facile, infaillible, le travail, et encore et toujours le travail.

Quand, par la volonté du Conseil municipal, on reprendra le travail dans Paris, quand on y fera œuvre de création, le Conseil aura décrété lui-même sa propre émancipation définitive. Il sera majeur. Il jouira de ses droits civils et politiques, pour la plus grande satisfaction de tous, pour la plus grande confusion de ses seuls ennemis, aussi impuissants qu'ils sont peu nombreux.

18 mars 1872.

*P. S.* Le Conseil municipal en a décidé autrement par un premier vote qui, nous voulons l'espérer, ne sera pas le dernier.

La question a été fort débattue, et trois voix seulement ont donné la majorité aux adversaires de la résurrection du boulevard du Temple. Parmi ces adversaires, on s'étonnerait de rencontrer des républicains convaincus et dévoués, si l'on ne savait combien les idées claires et grandes ont peine à s'imposer par ce temps de méfiances inexplicables, d'intrigues et de divisions trop explicables et d'utilitarisme étroit.

Étant sous la République, après le Bas-Empire, le premier Conseil municipal élu, avoir si facile un pareil début et le manquer, c'est une faute. Pouvoir, par une création si complexe et qui appelle à soi tant de capacités diverses, ramener dans l'industrie le mouvement, dans Paris le travail et y retenir les travailleurs qui émigrent en masse comme aux plus beaux jours de l'ineffable révocation de l'édit de Nantes, et, repoussant l'occasion, jouer le jeu d'une réaction moins redoutable qu'inepte, c'est plus qu'une aute.

On a mis en avant, à l'encontre de cette belle conception, je ne sais quel projet lugubro-comique. On ferait de la place du Château-d'Eau un trou, oui, ma foi! un trou. Pourquoi un trou? Serait-ce point celui des Curtius de l'avenir, à l'instar de la romaine république? Mais l'espèce des Curtius est perdue. Ah! j'oubliais de dire que ce trou sera ceint d'un grand mur jovial, afin que les passants, gens pour la plupart peu épiques et nullement disposés à se jeter dans le gouffre pour le commun salut, n'y aillent point choir en plein midi. Que se passera-t-il donc au fond de ce trou? Et ce mur au milieu de cette place? Oh! ce mur! Tenez, j'ai vu des gens se tordre de rire à l'aspect éventuel de ce mur, et moi j'en frémis. Ce trou défendu par ce mur serait-il le puits définitif et éternel de la Vérité? Ou bien l'exécuteur des hautes œuvres aurait-il reçu ordre de transporter au fond de ce trou, à l'abri de ce mur, l'instrument et la scène de son travail intermittent? Non, il s'agirait tout bonnement d'un chemin de fer souterrain que l'on complote et qui lancerait par ce ténare municipal de la vapeur, du noir grésil, de la fumée. Le besoin de ce chemin se faisait, paraît-il, vivement sentir, et Paris enrageait de n'être pas Londres. Soit, et je n'en médirai point, de ces parties de plaisir sous terre et même sous égouts, si ce sont elles qui décidément doivent dérider la spéculation et réveiller le travail; mais était-il absolument, inéluctablement nécessaire de choisir précisément pour l'emplacement de ce trou, derrière ce mur, la place du Château-d'Eau?

Allons, messieurs du Conseil, là où la Société des auteurs dramatiques, par la voix de M. Dumas fils, vous demandait une forêt de théâtres, vous lui donnez une fosse aux ours. La plaisanterie, permettez-moi de le dire, est de mauvais goût.

Mais je m'arrête, car l'on ne veut point croire irrévocable votre première décision, et tous les gens sensés en appellent, comme disait tout dernièrement un journal des plus estimés, du Conseil municipal irréfléchi au Conseil municipal réfléchi. »

Paris. — Imp. Balitout, Questroy et Cᵉ, 7, rue Baillif, et rue de Valois, 18.